BIBLIOTHÈQUE

RÉCRÉATIVE ET MORALE

POUR LA JEUNESSE

LES

JEUNES ARTISTES

OU

MUSIQUE ET PEINTURE

SAINT-DENIS. — TYPOGRAPHIE DE DROUARD

LES

JEUNES ARTISTES

OU

MUSIQUE ET PEINTURE

PAR

A. C. BOUYER

ILLUSTRÉ DE 9 GRAVURES A DEUX TEINTES PAR BERTRAND

PARIS

LIBRAIRIE DE A. COURCIER, ÉDITEUR,

RUE HAUTEFEUILLE, 9.

UNE FAMILLE D'ARTISTES.

Vers le milieu du siècle dernier, dans l'une des plus modestes maisons du boulevard qui, depuis, a pris le nom de Béranger, vivaient à Tours deux jeunes orphelins que chacun dans le voisinage aimait et respectait à cause de leur conduite exemplaire, de leur union fraternelle.

De ces orphelins, l'un s'appelait Raoul, c'était le plus jeune; il avait dix-sept ans; l'autre se nommait Hortense, elle allait en avoir vingt : tous deux étaient artistes, et bien qu'ils ne fussent jamais sortis de cette ville, dans laquelle ils étaient nés, leur éducation ni leurs études n'en avaient souffert, car, de même que M. de Berghem avait profité d'un très-beau talent d'amateur qu'il avait acquis en étudiant les meilleurs maîtres de l'Italie, pour diriger son fils vers la peinture; de même Adrienne de Berghem, sa femme, s'était complu à faire d'Hortense une excellente musicienne. Elle y avait d'autant mieux réussi que la jeune fille se trouva douée d'un sentiment musical fort remarquable, et qu'elle-même était de première force sur la harpe, instrument des plus à la mode en ce temps-là.

M. de Berghem et sa femme avaient été, du reste, bien inspirés en dotant ainsi leurs enfants de talents qui pussent remplacer pour eux l'héritage paternel, car Hortense atteignait à peine dix-huit ans, et Raoul n'en comptait pas encore quinze, lorsque leurs parents furent ruinés par la mauvaise foi d'un homme dans lequel ils avaient imprudemment placé toute leur confiance; habitués, sinon à la richesse, du moins au bien-être, M. et Mme de Berghem purent d'autant moins se consoler de ce revers qu'en même temps qu'il les plaçait dans une situation tout à fait dénuée, ils voyaient s'évanouir sans retour les rêves d'indépendance et de paisible bonheur qu'ils avaient jusque-là caressés pour leurs enfants.

Le chagrin qu'ils en ressentirent conduisit d'abord au tombeau Mme de Berghem; puis, ce fut le tour de son mari. Tous deux en expirant bénirent leurs enfants auxquels ils recommandèrent de s'aimer toujours, de se servir mutuellement de soutien et de consolation, sans jamais perdre le souvenir du père et de la mère qui les avaient tant aimés et qui ne regrettaient la vie qu'à cause d'eux!

LES ORPHELINS.

Hortense et Raoul ne pensèrent d'abord qu'à leur douleur à laquelle d'autres vinrent s'ajouter, car il leur fallut faire des sacrifices, se séparer d'objets précieux et chéris afin de se procurer le nécessaire. On comprend que malgré que Raoul possédât un talent réel, il était trop jeune pour en tirer parti; quant à Hortense, mettant sous ses pieds un juste orgueil, elle se résigna à donner des leçons pour un prix si modique, si fort en disproportion avec son mérite, qu'il avilissait bien plus ceux qui le lui avaient offert qu'il ne rabaissait son talent.

Le temps s'écoula: les pauvres enfants espéraient toujours que leur position s'améliorerait. mais il n'en fut rien. et deux années passées dans la gène la plus extrême allaient les livrer au découragement. duquel rien de bon n'est jamais sorti. lorsqu'ils reçurent une lettre d'un ancien ami de leur père. le docteur Durand. qui. de retour d'un long voyage scientifique. leur disait entre beaucoup de choses consolantes et paternelles : — Croyez-moi, mes enfants, quittez la Touraine: venez habiter près de moi. car si chaque ville de France peut se vanter d'avoir produit un beau génie. un talent célèbre. c'est à Paris seulement que ces beaux génies ont pu se produire. et que ces talents. en se faisant connaître. ont pu rapporter honneur et profit à ceux qui les possédaient.

Il en coûta beaucoup aux orphelins pour quitter la ville dans laquelle ils étaient nés. les lieux où ils avaient passé leur heureuse enfance, la terre où dormaient ceux qui les avaient chéris; mais ils durent se montrer dociles aux conseils d'un ami dont la vieille expérience leur inspirait confiance et respect.

C'est donc environ deux ans après les événements dont nous venons de faire le récit que le frère et la sœur vinrent s'installer à Paris, rue Saint-Antoine, dans la maison voisine de l'hôtel du vertueux Sully, laquelle appartenait au docteur Durand. Là, un petit appartement, un peu haut perché, mais situé en belle vue et meublé avec autant de goût que de simplicité, fut mis par le docteur à la disposition de ses pupilles.

Ce fut la seule chose qu'ils voulurent tenir de lui : pour subvenir aux besoins du moment, ils possédaient une petite somme provenant de la vente des meubles, dont à leur grand regret il leur avait fallu se défaire avant de quitter Tours (la harpe de

Mme de Berghem et le chevalet ainsi que la boite à couleur de son mari ayant été les seuls objets conservés par leurs enfants). A cette faible ressource, Hortense se proposait de joindre le produit de travaux à l'aiguille qu'elle comptait entreprendre afin de faire vivre le ménage fraternel jusqu'au jour où le bon docteur lui aurait trouvé quelques leçons. Pendant qu'elle s'occupait des démarches nécessaires à l'accomplissement de son projet, Raoul commençait deux petits tableaux d'une composition simple et touchante, qui lui avaient été commandés par un marchand fort en vogue. En même temps, il entreprenait le portrait du docteur, qui marchait à miracle.

UNE PRÉSENTATION.

Ne craignez pas de commettre une indiscrétion, entrez avec moi dans cette maison bâtie en briques, l'une des plus apparentes et des mieux tenues de la place Royale. Il est à peine neuf heures du matin, et tandis que la maîtresse de cette habitation fait sa toilette et s'occupe des petits arrangements d'intérieur qui d'ordinaire précèdent sa journée, suivez-moi doucement dans son salon que je veux vous faire visiter pendant son absence.

Voyez comme le temps a posé partout son cachet :

— sur cette pendule; sur ces dorures noircies, sur ces candélabres enfumés, sur ces fauteuils, ces tabourets, ces canapés, dont la tapisserie, exécutée au petit point, nous représente, celle-ci, — le dieu Mars désarmé par Vénus; celle-là, Hercule filant aux pieds d'Omphale; cette autre, Philémon et Baucis, couvrant leur table boiteuse des fruits, du lait, et du gâteau de miel, seuls mets qu'ils puissent offrir au maître du tonnerre; remarquez aussi comme ces teintures vert pomme broché d'or ont revêtu, grâce aux années écoulées, une teinte harmonieuse qui repose la vue et fait rêver, en évoquant d'anciens souvenirs.

Pourtant, il y a une chose, une seule chose jeune et fraîche au milieu de tous ces débris des temps passés, c'est le portrait de la maîtresse de cette demeure, une magnifique peinture de Largillière.

Elle a vingt ans, elle est blanche et rose avec des yeux de velours noirs qui sourient à l'unisson d'une bouche dans laquelle on peut voir deux rangées de perles irréprochables, car, elle tient en ce moment sur l'un de ses doigts mignons et tournés en fuseau l'oiseau favori, qui boit entre ses lèvres purpurines ce que les poëtes de ce temps-là eussent appelé : *Une larme de l'aurore sur une feuille de rose.* La toilette de cette ravissante personne se compose d'un peignoir de mousseline blanche rattachée çà et là avec des rubans rosés, d'une teinte moins fine et moins pure que celle qui couvre ses joues.

Mais chut! taisons-nous, car voici qu'elle arrive elle-même, et surtout gardez-vous de paraître surpris si vous la trouvez moins bien que sur cette toile où le plus célèbre peintre de l'époque a fixé son image; soixante ans d'entr'acte motivent bien des changements dans une femme; mais je dois dire à la louange de celle-ci que l'égalité de son caractère, l'aménité de ses manières, le charme de son esprit et la droiture de son cœur ne sont pas changés.

C'est là ce que dit le docteur au frère d'Hortense, car depuis un quart d'heure environ tous deux sont arrivés dans le salon que nous venons de décrire et dans lequel ils attendent la marquise.

Comme il achevait de mettre Raoul au courant de certaines choses qu'il lui était utile de connaître avant l'heure de la présentation à la maîtresse de céans, elle arriva près d'eux en les saluant du geste et du sourire.

Elle portait dignement ses quatre-vingts ans, et malgré que de nombreuses rides sillonnassent son visage pâli. on y pouvait retrouver le charme qui l'avait illuminé dans sa jeunesse, c'était celui de l'esprit joint à la bonté.

Elle était habillée d'une robe de satin bleu foncé à larges fleurs blanches rehaussées d'or. Cette robe. retroussée dans les poches, laissait voir des mules à talons. Des manchettes de malines à triple rang sortaient de ses manches larges et évasées qui n'arrivaient qu'au coude. Sur ses cheveux blancs comme la neige, un nuage de poudre parfumée était répandu: une espèce de fanchon en point d'Angleterre formait sa coiffure coquettement ornée de quelques nœuds de rubans aurore.

La marquise tenait suspendu à l'un de ses bras un sac à ouvrage contenant sa tapisserie, sa tabatière, son mouchoir, et des besicles dont elle ne se servait qu'en de rares occasions, car elle avait encore la vue très-bonne.

— Madame, fit le docteur en lui montrant son jeune pupille, voici l'artiste que vous m'avez permis de vous présenter: — vous m'avez fait espérer pour lui votre bienveillante protection: je me plais à vous répéter — qu'il en est digne à tous égards.

— Si j'en avais pu douter avant d'avoir vu monsieur de Berghem, j'en serais certaine à présent, répondit gracieusement la vieille dame : — mais, ajouta-t-elle en se tournant vers le docteur, ne m'avez-vous pas dit que la sœur de votre jeune protégé est musicienne?

— Musicienne excellente, possédant une voix magnifique et jouant de la harpe d'une manière supérieure.

— Eh bien! mon cher docteur, je vous charge de me l'amener jeudi : dites-lui que ce jour-là est mon jour de réception, et que si elle veut bien accepter mon invitation, je tâcherai de lui être utile auprès des femmes qui composent ma société, et qui ont de jeunes filles dont l'éducation se fait sous leurs yeux.

Quant à vous, Monsieur, continua la marquise en s'adressant à Raoul, je sais que vous terminez en ce moment le portrait du docteur ; si vous voulez faire le mien, j'espère qu'il vous en procurera beaucoup d'autres. — Mais il faut vous hâter, car à mon âge... Elle n'acheva pas, un pénible sourire compléta sa pensée.

Ce sourire fit mal à Raoul, des larmes lui vinrent aux yeux; car en présence de cette vieille femme qui lui gagnait le cœur par sa grâce et par sa bonté, l'image de sa mère lui apparut; il lui sembla même l'entendre lui dire : Aime celle-ci comme si tu étais son fils, car elle aura pour vous, mes pauvres orphelins, les bontés d'une mère! La marquise ayant remarqué son émotion, lui tendit la main en le regardant d'un œil attendri. Raoul s'inclina sur cette main; il y déposa un baiser respectueux, et prit congé, emportant de cette visite un sentiment de bonheur mêlé d'amertume; car, s'il était touché du charmant accueil de la marquise, il ne pouvait se défendre d'un serrement de cœur douloureux en se rappelant l'air de tristesse résignée avec lequel Mme de Marsan avait dit : Car à mon âge... et toute la nuit les images de sa mère et de la marquise passèrent dans ses rêves.

MUSIQUE ET PEINTURE.

Les choses se passèrent ainsi que la marquise de Marsan l'avait réglé.

Entendue dans son salon, appuyée de son patronage, Hortense enleva les morceaux les plus difficiles avec un succès qui ne lui laissa rien à désirer : et la seule peine qu'elle éprouva dans cette soirée fut de se voir obligée de refuser plusieurs des personnes qui vinrent la prier de s'occuper de leur éducation musicale ou de celle de leurs enfants, car elle n'aurait pu suffire à toutes les demandes qui lui furent faites.

Raoul, de son côté, fit le portrait de la marquise avec un si grand désir de la rendre telle qu'il la voyait, avec un tel goût, un tel sentiment, qu'il semblait qu'elle vécût et qu'elle respirât sur la toile; en sorte que ce fut à qui ferait faire le sien par le jeune artiste, qui bientôt ne sut plus auquel entendre. Tranquillisés sur leur avenir et pénétrés de reconnaissance pour celle qui leur valait une position si enviable, les deux jeunes gens l'entourèrent de soins respectueux, d'attentions tendres et délicates, en sorte que peu à peu, elle, qui n'avait pas d'enfants, se prit à les aimer comme s'ils eussent été les siens, ne se sentant jamais aussi heureuse que lorsqu'ils étaient auprès d'elle, dans l'intimité, c'est-à-dire les jours qu'elle ne recevait pas. Eux, de leur côté, la chérissaient comme si elle eût été leur aïeule, et passaient dans sa compagnie tout le temps qu'ils avaient de libre.

Heureux de leur avoir créé une protection si efficace et fier de leurs succès, le docteur Durand était reparti pour un long voyage, en leur recommandant sa vieille amie; mais c'était une prière bien superflue que celle-là!

Un grand concert donné par Mme la duchesse de Villeroi vint mettre le comble à la réputation que s'était faite Hortense; on ne donnait plus une soirée musicale sans qu'elle fût priée de venir s'y faire entendre, et partout on était rempli d'égards pour elle et pour son jeune cavalier, car personne n'ignorait qu'elle était hautement protégée par Mme de Marsan, dont le nom, la fortune et le caractère inspiraient le respect.

Hortense avait trop de simplicité et trop de modestie pour ne pas souffrir des louanges exagérées qu'on lui distribuait à tout propos, et dont elle suspectait à bon droit la sincérité, aussi lui en coûtaitil beaucoup de se trouver sans cesse entourée de cette foule de gens qu'elle était chargée de distraire. de récréer, dont beaucoup l'admiraient sans doute. mais parmi lesquels elle ne se croyait pas certaine d'avoir un ami.

Il en était de même pour Raoul : heureux, lorsqu'il pouvait s'occuper dans son atelier d'un art qu'il aimait, de travaux à son goût, il se sentait contraint et gêné lorsqu'il lui fallait reproduire sur la toile tant de physionomies diverses, dont pas une ne lui montrait un regard sympathique, un sourire amical.

Il y avait déjà deux ans que les protégés du docteur Durand habitaient Paris, où tout semblait tourner à leur avantage, hors une seule chose, nous voulons parler de la santé de la marquise, laquelle sans secousse et sans douleur, s'affaiblissait d'une manière sensible.

Les pauvres jeunes gens eussent bien voulu ne

plus la quitter, et se refuser à toutes les invitations afin de se consacrer tout à fait à elle ; mais quel prétexte alléguer pour suivre l'impulsion de leur cœur, sans inquiéter madame de Marsan, qui ne semblait pas s'apercevoir de la diminution de ses forces et de l'altération de quelques-unes de ses facultés?

Au moment où leurs inquiétudes devenaient de plus en plus vives, et leur faisaient souhaiter de se voir oubliés, afin de pouvoir donner plus de temps à leur vieille amie, un ordre du roi arriva, — ou plutôt une invitation. — Sur ce qui lui avait été dit du talent de la jeune cantatrice, il avait souhaité l'entendre; une voiture de la Cour devait venir la prendre avec son frère, un jour indiqué, et la conduire à Versailles, où se préparaient des fêtes somptueuses, destinées à donner une grande idée de la cour de France à de hauts personnages voyageant incognito. Le séjour d'Hortense à Versailles, fixé à une quinzaine de jours, lui sembla par avance devoir se prolonger un siècle, mais ni l'ennui prévu, ni le dérangement des préparatifs à faire, ni l'inquiétude ne purent servir de rien, et l'heure arrivée, il fallut partir.

LES FÊTES DE LA COUR

ET

LES FÊTES DU CŒUR.

Jamais un spectacle pareil à celui que virent Hortense et Raoul, ne s'était encore présenté à leurs yeux, lorsque, munis d'un laissez-passer général, ils purent visiter ce palais fastueux en attendant le retour du roi parti ce matin-là pour Chantilly, où il avait voulu donner à ses hôtes le plaisir d'une chasse à courre.

Il leur eût été bien impossible, en effet, artistes

connus, ils l'étaient tous les deux, de ne pas se sentir saisis d'admiration à la vue de ces appartements splendides auxquels on n'arrive que par des escaliers ornés de sculptures monumentales, de marbres rares et précieux, et qu'on croirait construits pour une race supérieure à la nôtre.

Ils parcoururent aussi ces jardins spacieux, ces allées à perte de vue, couvertes par un ombrage impénétrable aux rayons du jour; ils côtoyèrent ces bassins, ces pièces d'eau, ces rivières dans lesquelles se baignent, au milieu des nymphes et des tritons, Vénus et Diane; — Neptune et Apollon.

Enfin ils visitèrent cette grotte profonde et moussue dont on ne peut voir les pareilles qu'au bord de l'Océan, et qui sert d'écurie aux chevaux du Soleil.

Mais après avoir visité toutes ces choses, Hortense et Raoul ne purent s'empêcher de sourire en voyant se promener dans ces jardins, dans ces appartements, et monter dans ces escaliers les courtisans poudrés et enrubannés qui formaient la cour de Louis XV. Et tous deux se demandèrent quels rapports pouvaient exister entre eux, qui paraissaient si petits, et toutes ces choses si grandes et si majestueuses, faites pour servir de cadre à l'imposante figure de Louis XIV, et à celles des grands hommes et des rudes capitaines qui ont illustré son règne.

Telles furent les réflexions qu'échangèrent Hortense et Raoul dans le premier moment de leur admiration pour les beautés de premier ordre que renferme Versailles; le sentiment du beau qui vivait en eux leur ayant fait découvrir ce défaut d'harmonie entre le palais et ses habitants : un peu plus tard, au milieu de l'animation et du bruit des fêtes, cette impression disparut pour ne plus revenir.

Dès que le roi fut de retour, les fêtes commencèrent, et chaque jour amena des plaisirs inattendus : — des joûtes nautiques, des tournois, des courses, des promenades à cheval ou en voiture occupaient les matinées; — les dîners somptueux, le jeu, la conversation, les concerts, les ballets, la comédie, contribuaient aux amusements de l'après-midi.

Toutes les femmes rivalisant de toilette, on ne voyait là que satin, crêpe, gaze, velours; émeraudes, grenats, saphirs, améthystes, topazes et diamants.

On ne respirait que jasmins, roses, violettes, fleurs d'oranger, et mille autres suaves parfums, s'exhalant de bouquets merveilleusement composés, offerts chaque matin de la part de Sa Majesté à l'essaim de beautés engagées par elle aux fêtes de Versailles.

On n'entendait que noms illustres, parmi lesquels se trouvaient ceux des Montmorency, des Villars, des Richelieu, des Duras, des Soubise, des Sabran, des Mouchy, des Simiane et *tutti quanti*, qu'il serait fastidieux d'énumérer.

Ce fut devant cette brillante assemblée que fut

amenée par son frère la jeune musicienne pour se faire entendre sur la harpe d'abord, et pour y marier ensuite sa voix.

Le plaisir qu'éprouva Sa Majesté en l'écoutant eut pour résultat de lui faire recommencer deux fois un même morceau qui avait charmé le roi.

Ensuite elle chanta plusieurs airs d'un nouvel opéra, de manière à charmer son auditoire et à enlever tous les suffrages.

Dans cette soirée-là, comme dans celles qui suivirent, la sœur de Raoul se montra supérieure par le talent à tout ce qui l'entourait; aussi ne fut-ce pas un succès qu'elle obtint, ce fut de l'engouement qu'elle inspira.

La vogue qui s'attachait à Hortense devait gagner son frère, et ce fut ce qui arriva; en sorte que bon nombre des seigneurs qui se trouvaient là vinrent le complimenter et lui demander, les uns, — s'il voulait se charger de faire leur portrait; les autres, — s'il lui plaisait de décorer, soit leur château, soit leur hôtel, travaux qui, à cette époque étaient confiés à des artistes de premier ordre. et que *Boucher* et *Vanloo* ne dédaignèrent pas d'exécuter.

Malgré la satisfaction donnée en cette occasion à leur amour-propre et malgré tant d'avantages qui s'offraient à eux, il leur tardait fort de reconquérir leur liberté, car à toutes ces ovations, de même qu'à tant de merveilles étalées sous leurs yeux, chacun d'eux préférait le coin du feu de sa vieille amie.

Quand nous disons : le coin du feu, c'est une figure assez impropre dont nous nous servons, car à ce moment de l'année, bien au contraire, chacun, à Versailles, ne songeait qu'à se garantir de l'excessive chaleur qu'il faisait.

Cette chaleur fut cause que la veille du jour où la Cour devait quitter Versailles, un caprice royal fit tout disposer pour que la fête du soir, qui devait être un bal costumé, eût lieu en plein air, et non pas, comme ceux qui l'avaient précédé, dans les appartements.

Le délicieux bosquet appelé le *Bain de Diane* fut choisi par Louis XV pour y recevoir sa noble société, et ce fut ainsi que la pâle et chaste déesse vit pour la première fois sa cour se former des ris, des jeux et de la folie, car il devait y avoir de tout cela dans les costumes préparés.

A huit heures sonnant, c'est-à-dire à la tombée du jour, on se dirigea vers le lieu désigné, qu'on entrevoyait de loin tout semblable à une corbeille de feu.

Au-dessus du cintre gracieux formé par les arcades en marbre blanc qui décorent le Bain de Diane, on voyait s'élancer dans les airs en gerbes argentées l'eau qui retombait ensuite en pluie fine et transparente dans de vastes coquilles de marbre destinées à la recevoir; derrière ce nuage diaphane, on apercevait le feuillage vert des arbres qui servent de ceinture à ce lieu charmant, et que faisait frissonner par moment le vent léger du soir.

Pour compléter la parure habituelle de ce délicieux bosquet, on avait disposé sous chacune des arcades circulaires un massif des fleurs les plus belles et les plus rares; au-dessus de ces massifs se balançaient des lustres de cristal de roche garnis de milliers de bougies, dont les lumières faisaient étinceler les facettes brillantes, et renvoyaient sur tous les objets environnants leurs feux irisés. Ici les figures étaient dignes du cadre; chaque individu ayant revêtu un costume approprié à sa taille, à son goût, à sa physionomie.

Celui-ci avait choisi pour faire valoir sa haute taille, l'habillement du riche boyard, ou le vêtement si noble dans son ampleur des peuples soumis à l'empire du croissant; des aigrettes formées des pierres précieuses les plus rares ornaient leurs turbans magnifiques.

Celui-ci, revêtant l'élégant costume des courtisans du temps de la Renaissance, portait avec une grâce native le justaucorps parsemé de crevés de satin blanc, le manteau court brodé d'or, la toque à plumes posée sur le côté, et l'épée de bal inoffensive et coquette, portée à la cour de François Ier. Plusieurs faisaient valoir, par leur tournure chevaleresque, le costume des anciens preux, ces hôtes valeureux de la Table ronde.

Les femmes, de leur côté, n'étaient pas restées en arrière de bonne grâce et de bon goût; et, qu'elles se montrassent parées de robes serrées à la taille qui emprisonnaient les dames de la cour de Charles VII, dans un corsage étroit, ou qu'elles fussent revêtues de vêtements amples et traînants; qu'elles portassent le bonnet à pointe de Marie Stuart, la coiffure Fontange, composée de rubans, du siècle précédent ; ou bien que, vêtues et coiffées à la grecque, on vit leurs beaux cheveux ondés se réunir à la naissance du cou, gracieusement enroulés et tordus ; — ou bien qu'enfin quelques-unes d'entre elles eussent emprunté à l'Asie les robes ouvertes de ses odalisques, leurs pantalons flottants et leurs toques de velours brodées de rubis et de diamants, — toutes étaient charmantes, et toutes attirèrent les regards du roi qui se connaissait en beauté comme en élégance, et qui seul, ce soir-là, portait l'habit français avec le cordon bleu mis en sautoir.

Sur le conseil que lui en avait donné sa sœur, Raoul avait endossé le léger vêtement du chasseur de chamois ; elle-même, revêtue de l'agreste costume des filles de l'Helvétie, charma tous les regards par sa modeste simplicité.

Nous n'avons pas besoin d'ajouter que la musique, la danse, les conversations à bâtons rompus, un souper délicat, des rafraîchissements délicieusement parfumés vinrent ajouter aux plaisirs de cette soirée qui fut la dernière donnée au château de Versailles cette saison-là.

Le lendemain chacun était de retour à Paris. Ce fut avec un sentiment de bonheur inexprimable qu'Hortense et Raoul se sentirent emportés vers cette ville qui renfermait leur unique affection, — car le docteur était alors sous un autre hémisphère: la joie qu'ils éprouvaient était de celles que ressentent deux oiseaux voyageurs se dirigeant à tire d'ailes vers le nid bien-aimé!

La joie fut grande aussi dans le cœur de la marquise lorsqu'elle vit arriver ses jeunes amis, et qu'en leur compagnie elle put profiter des derniers beaux jours de la saison pour descendre dans le jardin de son hôtel, afin d'y jouir de la chaleur adoucie d'un soleil bienfaisant.

Elle, qui n'avait jamais senti le bonheur d'être

mère, se figurait l'être devenue en se trouvant entre Raoul qui s'occupait d'elle sans cesse, lui faisait la lecture ou peignait sous ses yeux, et sa douce Hortense, dont la plus chère occupation semblait être de deviner ses désirs pour les réaliser aussitôt, et qui, pour la récréer, laissant de côté les partitions savantes qui lui avaient valu tant d'applaudissements, lui jouait avec toute la verve et l'entrain dont elle était capable les airs surannés qui reportaient sa vieille amie aux jours de sa jeunesse depuis si longtemps envolée.

Toute autre société que celle-là pesait à la marquise. Quant à ses soirées qu'avait interrompues la belle saison, elle ne comptait plus les reprendre, car le monde la fatiguait, et la seule visite qu'elle admît était celle du marquis d'Hennicourt, son petit-neveu par alliance, qui, déjà riche à millions, ne s'était rapproché de Mme de Marsan, dans ces derniers temps, que parce qu'il flairait sa succession, car elle n'avait pas d'héritier direct.

Un jour que tous quatre se trouvaient réunis dans le salon de la marquise où M. d'Hennicourt semblait toujours voir avec peine Hortense et Raoul, ceux-ci, pour ne pas se rendre importuns, car le marquis paraissait avoir quelque chose à dire qui ne devait pas être entendu d'eux, — ceux-ci, disons-nous, demandèrent la permission d'aller un instant au jardin, afin de dire un mot au jardinier relativement à l'arrangement du parterre.

Lorsque la grand'tante et son petit-neveu furent seuls, celui-ci, qui avait résolu de sonder le terrain au sujet de l'héritage convoité, lui demanda, en ayant l'air d'admirer son portrait peint par Largillière : — Oserai-je vous demander, chère tante, si vous n'avez pas déjà disposé de ce beau portrait en faveur de quelqu'un? — Je trouve la question légèrement saugrenue, articula la vieille dame avec une espèce d'ironie, et, en faveur de qui pourrais-je en avoir disposé? — Dame! je ne sais pas, moi, je vous le demande parce que j'avais cru que ce M. Raoul, votre protégé, sous prétexte de ses connaissances en fait d'art, eût pu vous témoigner le désir de l'avoir. — Monsieur de Berghem et sa sœur ne m'ont jamais rien paru désirer de moi si ce n'est de me voir persuadée de leur affection et de la reconnaissance qu'ils m'ont vouée au sujet de légers services que j'ai pu leur rendre et dont le résultat m'a rendue cent fois plus heureuse qu'eux-mêmes. Voilà, mon neveu, la seule chose que paraissent souhaiter ces enfants que vous n'aimez pas, mais que j'aime, et que vous soupçonnez à tort d'indélicatesse et de convoitise.

Ces paroles furent dites d'un ton si sec qu'elles firent réfléchir M. d'Hennicourt.

— Qui parle d'indélicatesse? s'écria-t-il d'un air offensé, ce n'est pas moi toujours...

— Eh! n'en serait-ce pas une, pour ne pas dire

un manque de cœur impardonnable, fit la marquise avec irritation, que de venir me demander, à moi, pauvre vieille au bord de ma tombe, un objet, quel qu'il soit, dont on ne saurait entrer en possession qu'après ma mort!

Le marquis se mordit les lèvres, parla d'autre chose, et les deux jeunes gens étant rentrés dans le salon, il en sortit peu après d'un air assez penaud.

— Savez-vous ce que me demandait mon neveu? dit Mme de Marsan qui paraissait fort émue. Son désir était que je lui promisse ce portrait qu'a fait de moi Largillière; il pensait, m'a-t-il dit, que vous l'aviez devancé en cela, et que j'avais pu vous le promettre. Le frère et la sœur se regardèrent avec un profond étonnement, puis ils regardèrent leur bienfaitrice avec tendresse : Ce portrait est un chef-d'œuvre, dit Raoul qui prit la parole, mais si j'étais le maître de choisir, ce ne serait pas celui-là que je prendrais.

— Amour-propre d'artiste, dit la marquise.

— N'est-ce pas bien naturel, s'écria Raoul sans se donner le temps de la réflexion, puisque celui-ci vous montre à nos yeux telle que nous vous connaissons et telle que nous vous aimons, tandis que l'autre.....

Ah! si vous laissiez le choix à un artiste, à un artiste qui ne vous connût pas, ce choix ne serait pas douteux, car il ne serait guidé que par la valeur artistique. — Mais moi, — moi; et Raoul se tourna du côté de celui qu'il avait fait l'année d'avant, dans le costume que portait habituellement la vieille dame, — moi, je préfère celui-ci!

Les lèvres de la marquise murmurèrent quelques mots qu'on n'entendit pas, puis, prenant la main de la pauvre Hortense qui souffrait visiblement de cette conversation.

— Et toi, mon enfant? lui dit-elle en la tutoyant pour la première fois, que choisirais-tu parmi tant de choses que je puis t'offrir?

— Celle que j'ai le plus désiré je l'ai, répondit à

demi-voix la sœur de Raoul : Du reste, ajouta-t-elle d'un ton moitié triste et moitié enjoué, Raoul connaît mon cœur comme moi-même, — mon frère a choisi pour nous deux !

— Cela n'est pas répondre, dit la marquise, et je veux que vous acceptiez quelque chose de moi : Les petits cadeaux entretiennent l'amitié.

— La mienne n'a pas besoin de cela, dit Hortense en ôtant de son doigt une très-belle bague ornée de diamants que le roi lui avait fait remettre avant son départ de Versailles : — je vous proposerai un échange : Vous aimez tout ce qui vient de Sa Majesté Louis XV, qu'enfant vous avez tenu sur vos genoux.

— Moi, j'aime tout ce qui me vient de vous ; donnez-moi l'anneau que vous avez là, prenez celui-ci, ce sera souvenir pour souvenir.

— Mais tu ne saurais faire un pareil marché. Cette bague te vient du roi ; c'est un gage de satisfaction, une preuve de ton talent !

— Et celle-ci, dit Hortense d'une voix attendrie, est un gage de votre affection. — En parlant ainsi, Hortense, que la marquise laissait faire, opérait, joyeuse, l'échange en question.

Deux années encore se passèrent. La marquise, trop faible pour se lever, ne quittait plus le lit depuis quelques mois, un jour elle voulut être portée dans son grand fauteuil à roulettes, auprès de la fenêtre; et ce fut là qu'elle s'éteignit doucement, entre les bras de ses jeunes amis qui reçurent, agenouillés, et couvrant de baisers ses mains glacées, sa dernière bénédiction.

L'OUVERTURE DU TESTAMENT.

Quelques jours après la mort de Mme de Marsan, le marquis d'Hemmicourt et les deux jeunes artistes étaient mandés par le notaire chargé de faire la lecture du testament.

Cette lecture devait se faire dans le salon même de la marquise où l'on se trouvait réuni.

— Pour me conformer aux ordres de la défunte, dit le notaire, je dois procéder d'abord à la remise de deux legs particuliers, entre lesquels, en sa qualité de parent, monsieur le marquis, est appelé à choisir.

Dans l'un, et le notaire désignait de la main toutes

les choses qu'il allait énumérer et qui se trouvaient séparées du reste et disposées dans un coin du salon: — dans l'un, la marquise a voulu qu'on plaçât : le bureau de bois de rose sur lequel elle écrivait, sa petite table à ouvrage, encore couverte de sa tapisserie inachevée, de ses ciseaux, de ses besicles, de son dé à coudre, de sa tabatière, sans oublier, avec son grand fauteuil à roulettes et le tabouret qu'elle plaçait sous ses pieds, le portrait qu'a fait d'elle M. de Berghem.

Dans le second de ces lots sont contenus : les diamants, l'argenterie des jours de gala, les chevaux, les carosses, sans oublier son beau portrait peint par Largillière.

— Maintenant choisissez, monsieur le marquis, puisque, je vous le répète, la défunte a voulu qu'il en fût ainsi, ordonnant que le lot rejeté par vous sera remis aux mains de M. de Berghem et de sa sœur.

— Choisissez, et signez ici votre acceptation.

— Mon choix est fait, s'écria le marquis, triomphant et rassuré, qui signa vivement.

— A Mademoiselle, continua-t-il d'un ton goguenard, les besicles et le dé à coudre, le grand fauteuil et la tapisserie commencée : — à monsieur Raoul, le portrait qu'il a fait de ma grand' tante ; ce sera, dans son atelier, un spécimen de son talent.

— Merci, Monsieur, dit avec simplicité le jeune peintre, vous nous donnez ce que nous aurions choisi, et sa main chercha celle d'Hortense qui lui répondit par un regard éloquent et par un sourire mouillé de pleurs.

— A présent, reprit le notaire, je n'ai plus qu'à vous faire connaître différents legs laissés par Mme de Marsan à ses pauvres, à ses domestiques, à une vieille amie ruinée, vivant en province, à laquelle elle faisait depuis longtemps une pension qui doit lui être continuée. Tout le reste de sa fortune, meubles et immeubles, doit être remis à ses… à son légataire universel.

— Et quel est-il ? demanda le marquis d'un ton qui annonçait que son opinion était parfaitement fixée là-dessus, et qu'il n'interrogeait l'officier ministériel que pour la forme. — Voulez-vous nous dire son nom? ajouta-t-il en tirant ses manchettes et en faisant disparaître, à l'aide d'une chiquenaude, quelques grains de tabac tombés sur ses dentelles, — je suis fort curieux de savoir qui sera possesseur des fermes, des châteaux et de l'hôtel de ma grand' tante: fort curieux, en vérité.

— Tout cela devient le partage de Mademoiselle et de Monsieur, dit le notaire en saluant Hortense et Raoul.

Les fermes, le château, l'hôtel avec son riche ameublement, doivent se trouver ajoutés, suivant la volonté de la testatrice, aux lunettes, à la tabatière, au dé à coudre, à la tapisserie commencée et au fauteuil à roulettes. — Au reste, ajouta le notaire d'un ton passablement narquois, c'est vous-même qui avez choisi, monsieur le marquis.

— Eh! pouvais-je deviner?.... M. d'Hennicourt n'acheva pas, mais après s'être essuyé le front, il s'écria :

C'est un tour infâme, une indigne perfidie!

— Vous avez déjà par vous-même plus d'un million, on peut vivre avec cela quand on a de l'ordre.

Celui-ci ne répondit rien, car il n'avait rien entendu de ce qui s'était dit; Hortense ignorait encore, comme lui, quelle fortune leur arrivait; leur unique pensée étant tournée vers celle qu'ils devaient regretter toujours, et des vertus de laquelle le frère et la sœur parlaient à demi-voix, tandis que le notaire faisait connaître les dernières dispositions qui les enrichissaient.

FIN.

TABLE.

St-Denis. — Typ. Drouard.

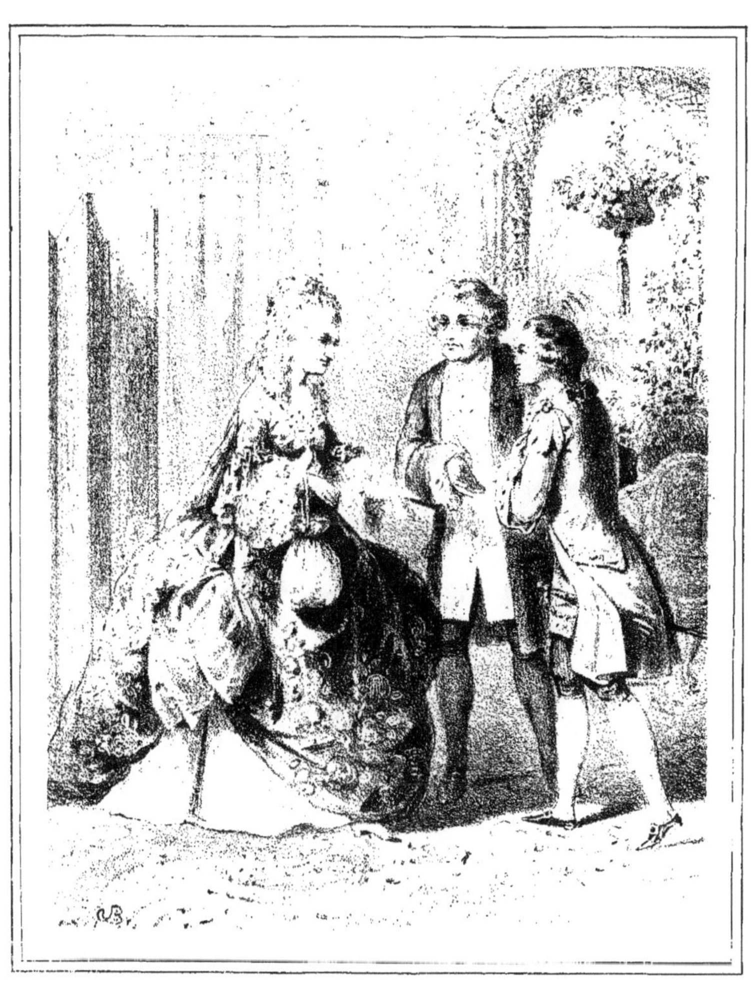

Mr le Docteur Durand présente son protégé à Mme
[illegible]

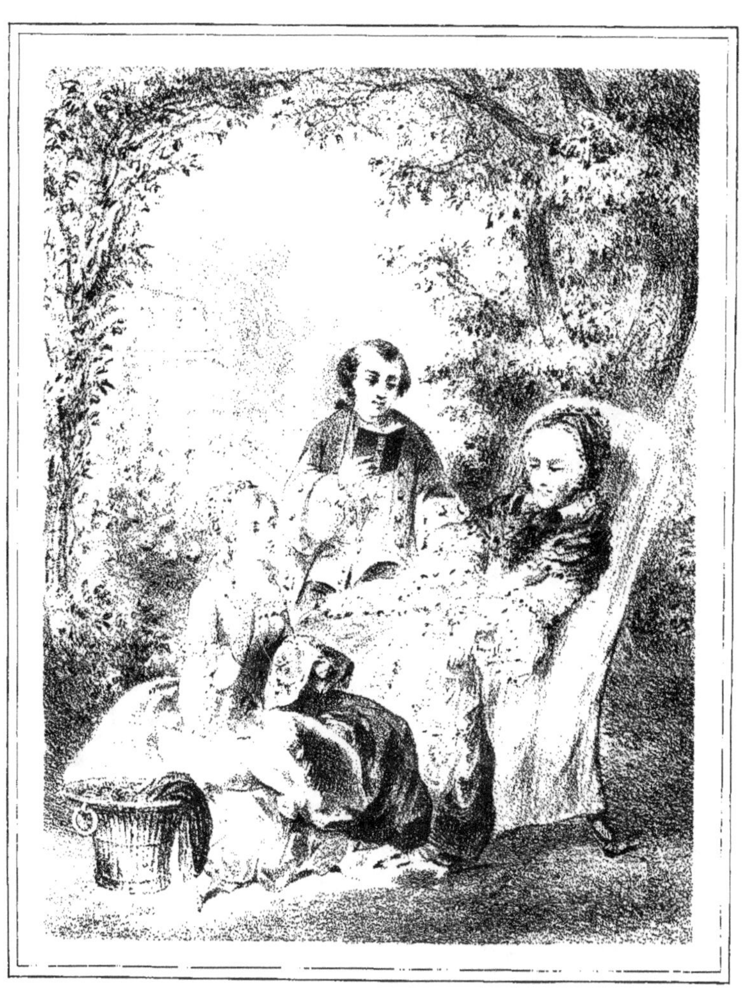

Le jeune de Berghem fait la lecture à sa protectrice.

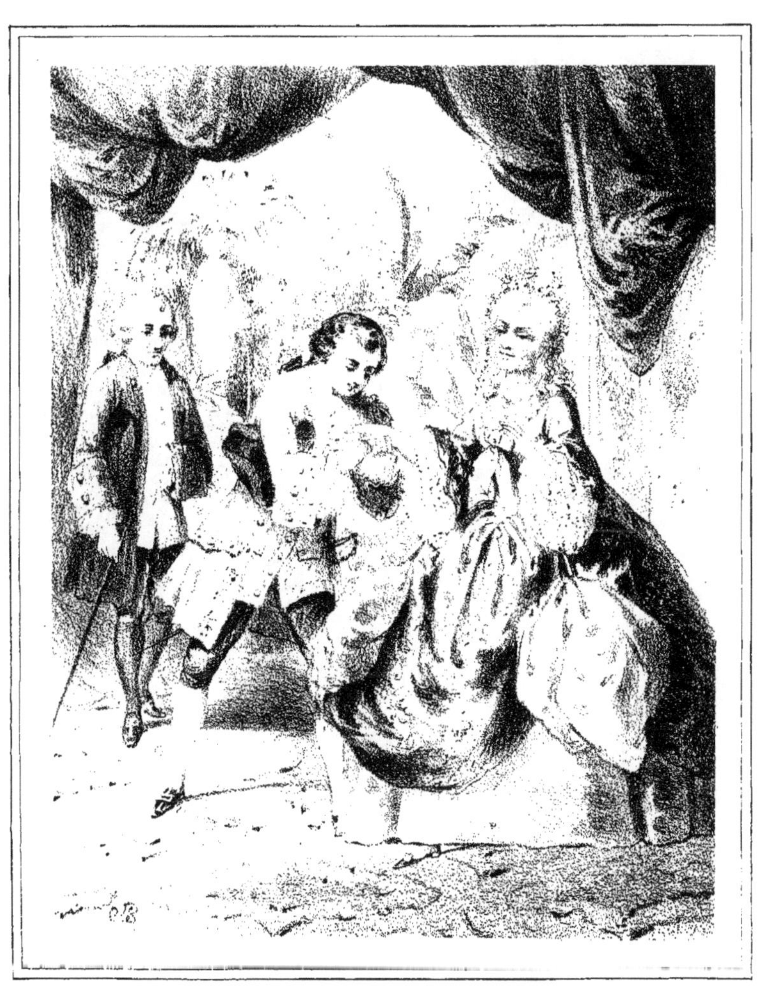

Raoul prend congé de Mme de Marsan.

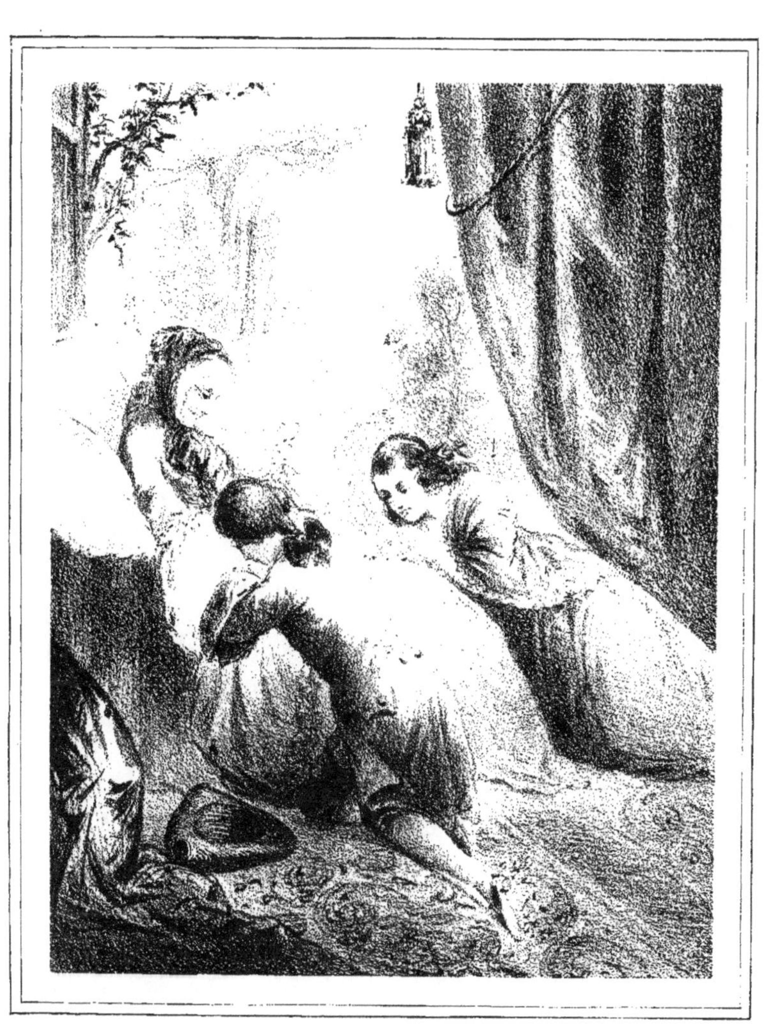

Derniers moments de Mme la Marquise de Marsan.

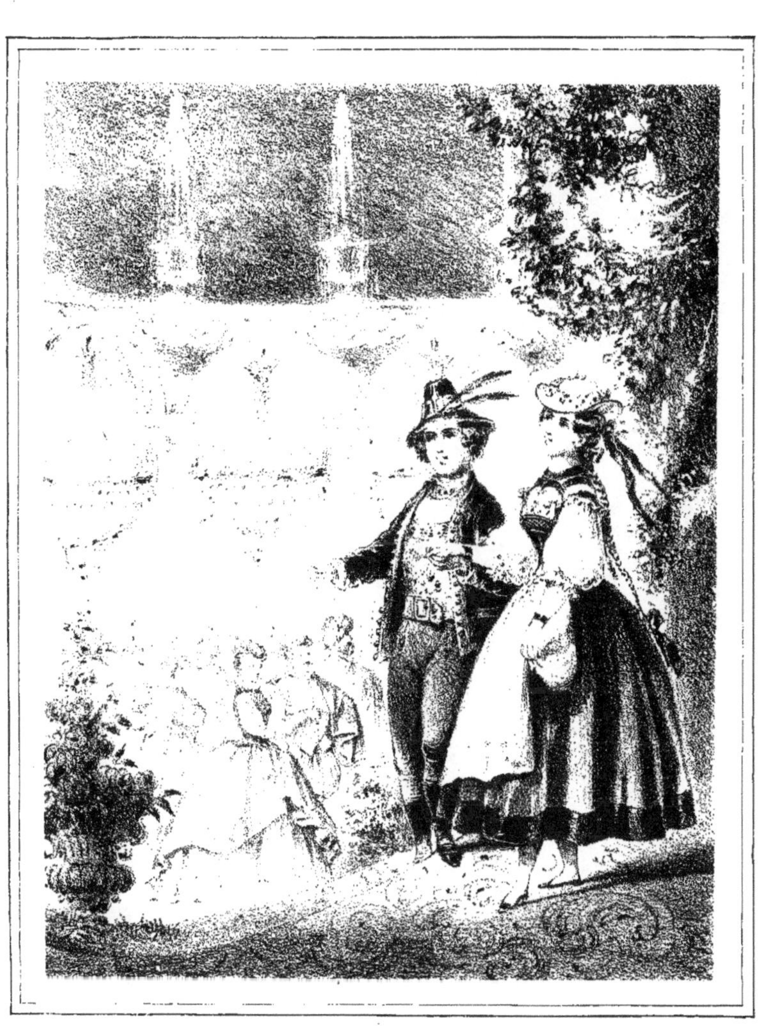

Raoul et Hortense assistent au Bal de la Cour.

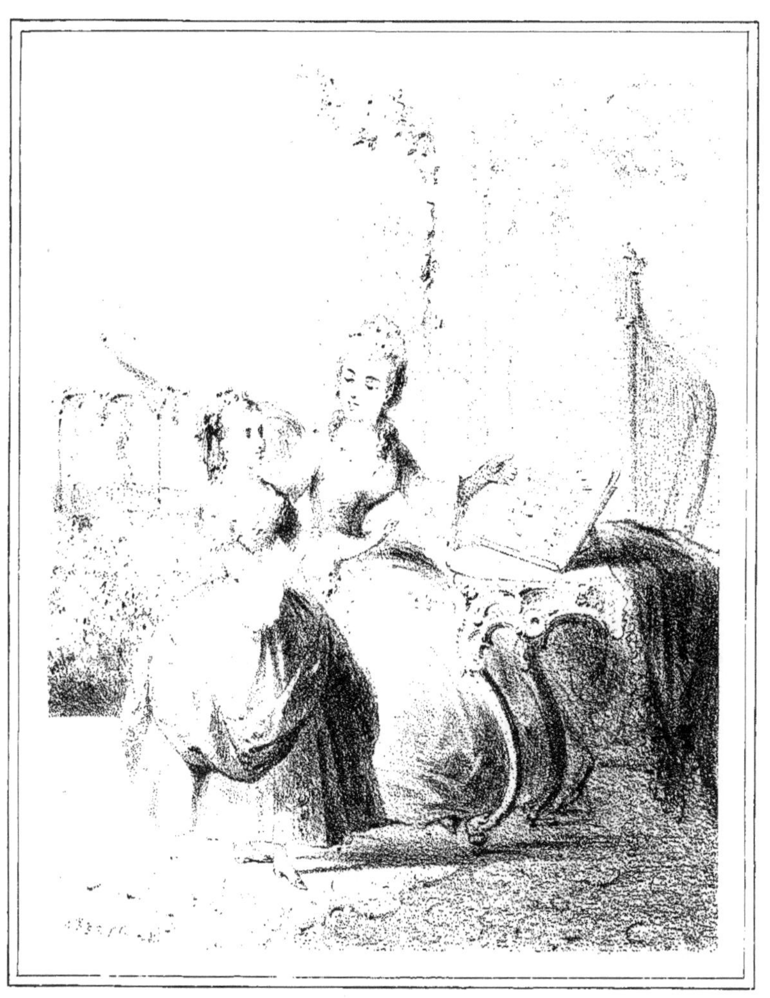

Hortense donnant sa première Leçon de musique.

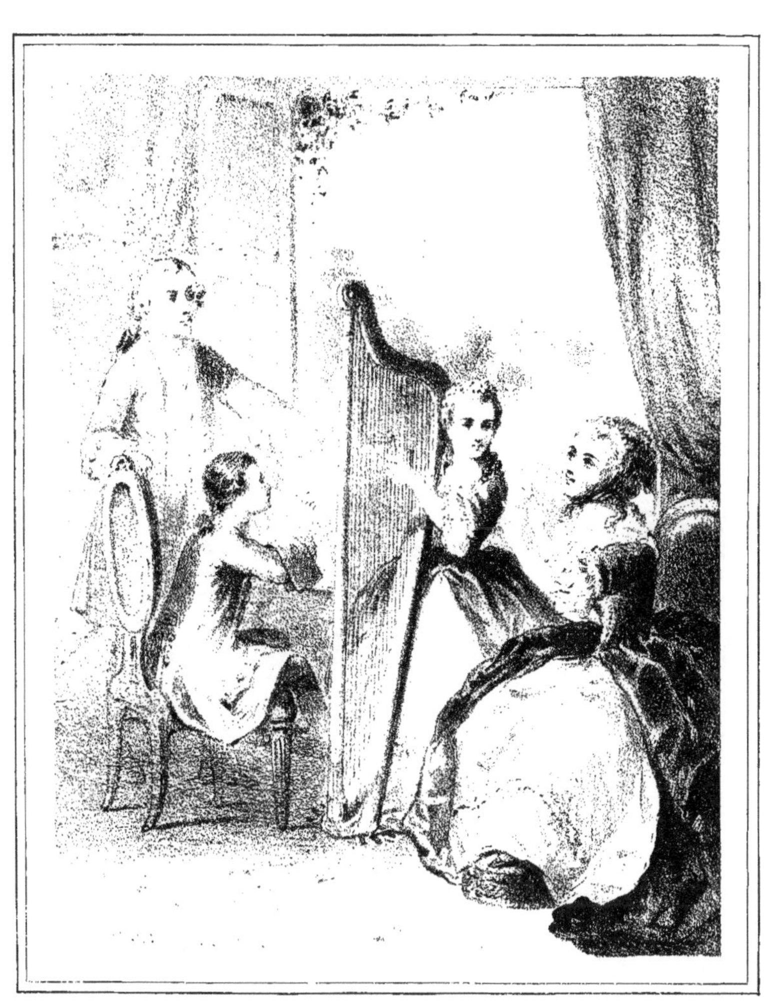

La famille de Berghem.

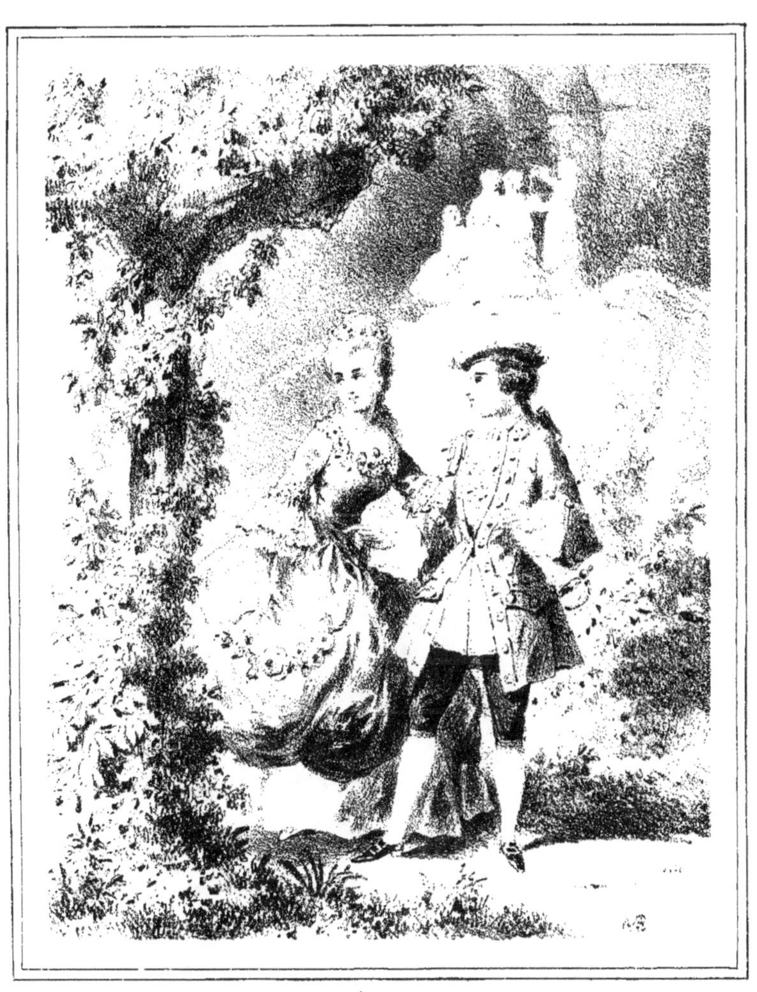

Les jeunes artistes visitent le parc de Versailles.

Lith. H. Jannin, Paris.

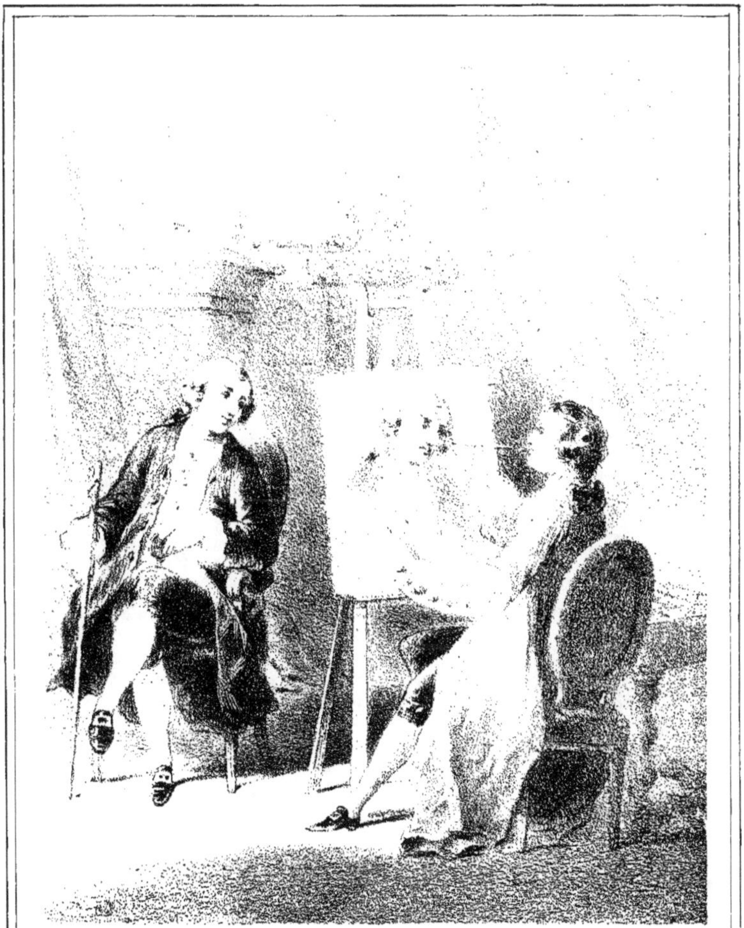

Raoul fait le portrait de son protecteur.

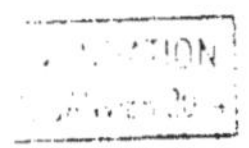

www.ingramcontent.com/pod-product-compliance
Lightning Source LLC
LaVergne TN
LVHW050430160826
845677LV00002BA/632

* 9 7 8 2 3 2 9 6 8 3 2 5 6 *